AF338057

LA
RÉVOLUTION
DU 7 AOUT
Devant la France.

PAR

LE LIEUTENANT-COLONEL N***,

SECRÉTAIRE PARTICULIER

DE S. A. R. MADAME, DUCHESSE DE BERRY.

A PARIS,

CHEZ G.-A. DENTU, IMPRIMEUR-LIBRAIRE,

rue d'Erfurth, n° 1 *bis;*

ET PALAIS-ROYAL, GALERIE D'ORLÉANS, N° 13.

1831.

LA
RÉVOLUTION

DU 7 AOUT

DEVANT LA FRANCE.

INTRODUCTION.

Qu'un peuple généreux, vassal d'un autre peuple, se lève et secoue fièrement les chaînes étrangères, c'est justice, car l'indépendance politique est la première condition de la liberté : ainsi les Suisses brisèrent le joug allemand, et prirent, aux acclamations de leurs voisins, leur rang parmi les nations.

Qu'une population guerrière et libre, cédant enfin à l'impatience d'un long despotisme, se débarrasse à

la fois du tyran et de la tyrannie, c'est encore justice : ainsi les Romains, mûrs pour la république, et
fatigués de l'oppression des Tarquins, renversent le
trône et le tyran qui l'occupe ; la royauté n'était plus
un besoin pour Rome, Tarquin était un fléau pour
elle.

La révolution opérée par suite d'une insurrection
ainsi fondée étant juste, glorieuse, nécessaire, tout
bon citoyen en supporterait patiemment les fâcheux
résultats, parce que la conscience du devoir accompli
ne permet pas le regret.

Mais qu'un petit nombre d'hommes se portant
fort pour une grande nation heureuse et libre sous
ses rois, profite d'une insurrection dirigée contre un
seul acte bientôt révoqué, pour renverser imprudemment l'édifice du bonheur de tous, c'est sans doute
une calamité publique qui ne saurait interdire ni un
douloureux retour sur le passé, ni la pensée d'un
meilleur avenir. Entrons en matière.

A la fin du mois de juillet 1830, il y eut insurrection contre des ordonnances illégales provoquées
elles-mêmes par une opposition hostile ou aveugle,
et non moins inconstitutionnelle dans son esprit : ce
fait est aujourd'hui en dehors de la controverse (1).

Quoi qu'il en soit, une révolution politique est un

(1) « Une adresse au roi pour lui dire que nous regardons ses
« ministres comme mal habiles, est un moyen parlementaire,
« mais c'est aussi une chose fort grave ; le choix royal est res-
« pectable par la personne dont il émane : un pareil droit ne peut

changement accompli ; et comme l'insurrection pari-
sienne n'avait ni proclamé la république ni changé
la dynastie le 29 juillet ou les jours suivans , il en
résulte que la révolution est l'effet d'un acte pure-
ment législatif, et qu'elle doit prendre date du 7
août 1830.

Or, si l'œuvre insurrectionnelle et populaire
échappe par sa nature même à l'examen , il n'en saurait être ainsi d'un fait conçu, préparé, consenti par
quelques hommes, et accompli législativement par
quelques autres.

Cet acte, qu'on osa dire réfléchi , fut-il légal, ou
juste, ou nécessaire, ou seulement utile ; c'est ce que
nous allons d'abord examiner, non pour accuser les
personnes ou pour incriminer les intentions, mais
parce que notre but étant d'indiquer le remède au
mal, nous ne pouvons nous dispenser d'en recher-
cher les causes.

DE LA LÉGALITÉ DE LA RÉVOLUTION.

Chacun sait que la loi qui règle parmi nous la
succession au trône , remonte au berceau de la mo-

être employé légèrement. » Ainsi parlait M. Salverte, le 22 sep-
tembre 1831 : en 1830, les noms des ministres suffirent pour mo-
tiver l'adresse. Si on les eût attendus à leurs actes , la France
serait plus riche de six milliards !.....

narchie. Les Francs, amoureux surtout du courage guerrier, eussent élu, après Pharamond, le plus brave et non le fils du roi et les fils de ses fils, si le principe d'hérédité ne se fût établi du consentement de la nation, immédiatement après l'indispensable élection du premier roi. Cependant, ce principe arbitrairement appliqué dans leur famille, par les souverains des deux premières races, sous la troisième se perfectionna par la coutume qui fortifia la loi; et depuis l'an 987 jusqu'à nous, elle a traversé les siècles, confirmée trois fois comme un fait hors d'atteinte par les Etats-Généraux de la nation, et constamment respectée par les princes qui avaient le plus d'intérêt à en détourner les effets : circontance unique chez un peuple ardent et mobile, et qui suffirait pour démontrer l'excellence de cette loi, si nos malheurs, quand nous l'avons violée, nos prospérités, quand elle nous fut rendue, n'avaient prouvé, naguère encore, son incontestable utilité!

Telle est l'œuvre de la sagesse et du temps, telle est la coutume si nationale de l'hérédité du trône; coutume plus forte que la loi même, dit un illustre magistrat, cette loi ayant été gravée non sur du marbre ou du cuivre, mais dans le cœur de tous les Français.

Depuis deux siècles, depuis cinquante ans surtout, le temps a marché; ces triomphantes calomnies, ces sanglantes catastrophes, ces bouleversemens des empires, ces diadêmes, ces têtes royales qui ont roulé

5

devant nous, ont ébranlé le culte de la loi, mais sans pouvoir altérer l'immense intérêt qui s'y rattache.

Je viens de citer Jérôme Bignon; un habile diplomate du même nom, ministre sous l'empire et sous la royauté nouvelle, écrivait en 1814 ces paroles, qui ont acquis une grande force par la suppression irrévocable des abus dont la France pouvait alors craindre le retour :

« Si l'on eût jugé qu'il fût possible qu'un Bour-
« bon vînt ressaisir la couronne sans que les classes
« privilégiées voulussent reprendre également tous
« leurs anciens avántages, et si la nation française
« eût été libre d'émettre son vœu, qui peut douter
« qu'un cri unanime n'eût dès long-temps rappelé
« les descendans de Louis XII et d'Henri IV? *Le
« principe de l'hérédité était devenu un dogme na-
« tional* (1). »

Les députés aux Etats-Généraux, dont l'élection, consacrée par le vote du prince du sang comme du plus modeste laboureur, fut si libre, si populaire, si expressive de la volonté générale, écrivirent en ces termes la loi d'hérédité en tête de la Constitution de 1789 :

« La royauté est indivisible, et déléguée héréditai-
« rement à la race régnante de mâle en mâle, par
« ordre de primogéniture. »

_____

(1) *Exposé comparatif de l'état financier, politique et moral de la France*, par M. le baron Bignon.

En résumant ainsi dans un seul article de leur Constitution, la loi salique et celle de l'hérédité, les députés de 1789 ne firent pas ces lois, car elles existaient avant eux ; mais ils se bornèrent à les consigner comme un fait antérieur et indépendant.

Armée du droit terrible de nécessité qui autorisa la banqueroute et tous les crimes dont elle se souilla, la Convention déchira ces lois, mais sans les détruire, car elle n'avait pas mission pour le faire.

Napoléon lui-même, qui n'avait renversé qu'un escabeau souillé de fange et de sang, comprit cependant qu'il ne pourrait rétablir la monarchie héréditaire, sans remettre en cause l'héritier selon la loi : aussi pressa-t-il les Bourbons de lui abandonner leurs droits. Noblement repoussé par eux, mais déjà maître absolu de la France, il ne s'agissait pour lui que d'attacher un titre à son despotisme : ne pouvant non plus détruire la loi, il s'attacha à l'éluder ; il fit un signe au Sénat, au pape, au peuple bâillonné, et s'appela *empereur;* il trancha la difficulté, sans la vaincre.

Ainsi, ni le sabre ni la guillotine n'ont aboli la loi du trône, qui est en France la loi de la famille : elle existait quand Louis XVIII, frappant aux portes de son royaume, s'écriait : *Ouvrez, de par la loi!* elle existait encore quand, pour rassurer les intérêts compromis, elle avait pris, il y a quinze mois, la figure d'un jeune enfant, unique et glorieux héritier de trente-cinq rois.

Depuis, qu'en a-t-on fait? La nation a-t-elle rendu la couronne élective? Dans ce cas, il eût fallu la plaindre et se soumettre; la loi d'hérédité n'existerait plus.

A-t-elle proclamé la république? Dans ce cas encore, il eût fallu se borner à gémir sur le destin de la patrie; car, la royauté étant régulièrement abolie, les lois qui en règlent la transmission disparaissent avec elle.

Mais la nation n'a pas été consultée, et elle ne pouvait l'être, parce qu'on voulait conserver la loi; et que si l'on peut proposer au peuple de créer, changer ou détruire une loi, on ne peut lui proposer de la violer.

Les ordonnances de Charles X avaient-elles détruit de fait la loi d'hérédité? Aucunement; car cette loi, préexistant à la Charte, est une institution d'intérêt général, et non un privilége de famille. Si la loi eût été détruite, il eût fallu la refaire avant de choisir un nouveau roi héréditaire; tandis qu'on s'est borné à en détourner les effets. On a dit : la loi subsiste; mais celui qui doit régner en vertu de la loi ne régnera pas. Or, qui a dit cela? à défaut de la nation, librement et universellement convoquée, fut-ce au moins sa représentation constitutionnelle? Sous l'empire de la Charte, il fallait, pour obliger légalement, que le roi eût proposé, que la majorité de chacune des deux Chambres eût approuvé, et que la couronne eût donné sa sanction. Nous avons vu, le 7 août, une Chambre incomplète s'attribuer d'abord l'initiative, et transmettre ensuite à une autre Chambre, violemment mutilée, un acte fondamental sanctionné à son profit par le représentant et le défenseur obligé de l'autorité royale : telle est la révolution du mois d'août.

Ainsi c'est un pouvoir qui ne pouvait régulièrement aliéner un arpent de terre, qui a changé la Constitution et le roi !

On a cédé au vœu populaire, on a obtenu l'adhésion des Français !... Le vœu de Paris seul aurait pu être connu le 7 août, et n'a été ni demandé ni régulièrement exprimé. Si le peuple parisien, à défaut de vote régulier, eût réellement voulu couronner le duc d'Orléans, il l'eût élevé sur le pavois au moment même où il entrait dans ses murs, car c'est ainsi que s'exprime l'enthousiasme populaire. En l'accueillant, au contraire, avec joie comme lieutenant-général du royaume, n'a-t-il pas prouvé qu'il ne songeait pas, dans l'entraînement même de la victoire, à lui voir porter un autre titre ?

On s'est retranché derrière les adhésions partielles accordées à un fait consommé. Dans ces sortes d'occasions, on ne compte que les voix qui parlent; on se soucie peu de celles qui se taisent : le rapprochement ne serait cependant pas sans intérêt. Mais laissons à une irrécusable autorité, dont la place est marquée au Panthéon, le soin de flétrir un pareil système :

« C'est l'usurpation qui a inventé ces prétendues
« sanctions, ces adresses, ces félicitations monoto-
« nes ; tribut habituel qu'à toutes les époques les
« mêmes hommes prodiguent, presque dans les mê-
« mes mots, aux mesures les plus opposées. La peur
« y vient singer tous les dehors du courage, pour se
« féliciter de la honte et pour remercier du malheur ;
« singulier genre d'artifice dont personne n'est la
« dupe ; comédie convenue qui n'en impose à per-
« sonne, et qui, depuis long-temps, aurait dû suc-
« comber sous les traits du ridicule. L'usurpateur,
« cependant, enregistre ces acclamations, ces haran-
« gues : l'avenir le jugera sur ces monumens élevés
« par lui (1). »

DE LA JUSTICE DE LA RÉVOLUTION.

Ce qui n'est pas légal peut être juste ; et la justice,
appuyée sur la nécessité, laisse peu de place à la réclamation : or, nous avons entendu parler de la moralité de la révolution ; c'est encore une question à
examiner.

En France, le roi ne meurt pas ; le trône n'est

(1) *De l'Esprit de conquête et d'usurpation*, par Benjamin Constant, pages 88 et 89.

donc jamais vacant tant qu'il reste un héritier mâle du dernier roi; car, ainsi que la mort naturelle, l'abdication, qui est la mort politique, *saisit le vif*, et couronne de droit l'héritier selon la loi. Il résulte de ce principe que le 2 août le duc de Bordeaux était roi de France, roi de droit, roi de fait, puisque l'exercice provisoire de son autorité était régulièrement confié au premier prince de son sang. Ainsi, la révolution du 7 août fut dirigée non contre un vieillard mal servi par ses conseillers, mais contre un enfant sans responsabilité possible.

Admet-on comme un acte de justice la proscription de la race entière pour la faute de son chef? Dans notre pays, où le mérite et les services sont essentiellement personnels, cette opinion n'obtiendrait aucune popularité; mais l'évènement a prouvé son peu de crédit sur la Chambre constituante. La majorité des députés de 1830 était incontestablement ennemie du meurtre de Louis XVI, et le tenait pour un grand crime; elle a cependant choisi pour roi le fils d'un régicide : pouvait-elle mettre en plus grande évidence sa répugnance pour la solidarité qu'on voudrait opposer à Henri V? Autre difficulté : on a brisé, sans y prendre garde, un contrat synallagmatique, et on ne l'a pu faire sans injustice.

Avant de régner sur la France, Henri IV possédait, comme roi de Navarre, le pays des Basques, le Béarn, le comté de Foix, la Basse-Navarre, les duchés de Beaumont et d'Albret, les comtés d'Armagnac, de Bigorre, de Marle, d'Enghien, de Dunkerque, de Gravelines, de Rouergue et de Périgord, la vicomté de Châteauneuf et plusieurs autres seigneuries. Ces possessions, qui ont d'abord agrandi la France et puissamment contribué à ses conquêtes postérieures, Henri IV ne les réunit à la couronne, en vertu de la loi du domaine, que parce que les aînés de ses fils devaient les posséder comme rois de France, en vertu de la loi d'hérédité. Entre ces deux lois, la connexion est intime. Si les ordonnances de Charles X n'ont pas détruit les effets de la première, elles n'ont pu détruire les effets de la seconde. La loi du domaine serait une monstruosité et un guet-apens, si la loi d'hérédité pouvait être arbitrairement violée; et ce principe n'intéresse pas seulement la race royale, mais toutes les familles. C'est pour la nation que l'hérédité du trône est consacrée; c'est contre elle qu'on en violerait la règle. Ce n'est pas la loi écrite, c'est la loi observée qui lui est chère. Proscrire l'héritier d'Henri IV pour le fait de son aïeul, c'est être injuste envers lui. Mettre en question l'avenir d'une institution d'intérêt général, en l'isolant du passé, en violant les règles qui la perpétuent, c'est être injuste envers la France, c'est la frapper dans sa première garantie d'ordre et de prospérité.

DE L'UTILITÉ POSSIBLE DE LA RÉVOLUTION.

A défaut de légalité et de justice envers l'enfant royal, au mépris de l'observation qui précède, l'acte du 7 août pouvait-il être utile ou politique? La politique a son code de morale qui lui est propre; et l'utilité, dans notre siècle spéculateur, se passe aisément de justification.

On voulut, a-t-on dit, en octroyant la monarchie au nouveau roi, rappeler à la royauté sa primitive élection, sans cependant altérer le bonheur de la France et ses alliances ; pour résoudre ce double problême, on a choisi un prince assez voisin et assez éloigné du trône pour rassurer les souverains étrangers, sans cesser de se croire lié par la reconnaissance envers le peuple.

Je comprendrais cette dernière pensée, si l'on eût rendu la couronne élective; car cette mesure eût perpétué la dépendance de la royauté : mais qu'est-ce que cette élection accidentelle jetée ainsi entre le passé et l'avenir? Descendre de Hugues Capet élu, ou, s'il est possible, de Louis-Philippe élu, qu'importe! l'origine du droit est la même, mais les effets en sont bien différens; car on peut bien improviser une royauté, mais on ne peut pas faire qu'elle soit vieille. En législation comme en morale, tout est positif; ce qui est quasi-légitime est illégitime, comme ce qui est presque vrai est faux. Dans ses rapports avec la politique extérieure, l'acte du 8 août n'est pas plus excusable. Comme nos lois pénales punissent plus sévèrement les crimes ou délits domestiques, la politique, solidaire de la royauté, doit repousser avec plus de force les usurpations de famille; car plus ces sortes d'entreprises sont faciles, plus l'exemple en est dangereux. Napoléon avait fait au duc d'Orléans lui-même l'application de cette pensée : l'opinion d'un tel homme a bien quelque valeur; mais la peur n'a plus de mémoire, et souvent l'ambition n'en a pas.

Ce n'est pas la première fois que l'occasion d'octroyer une couronne s'est présentée aux Français : jusqu'alors ils ont reconnu le piége, et ont su l'éviter. En 1328, les députés anglais disaient aux Etats-Généraux de France, en leur demandant une interprétation de la loi d'hérédité contraire au principe de la loi salique : « Faites élection d'un prince qui « se ressouvienne que vous l'avez fait et non reçu, « et qui partage avec vous, sans ingratitude comme « sans orgueil, la puissance que vous lui donne- « rez. »

Les députés de 1328 savaient que la guerre civile est le pire des fléaux, et qu'une détermination favorable à Edouard d'Angleterre laisserait le droit aux prises avec le fait : ils proclamèrent, à l'unanimité, Philippe de Valois roi de France, comme vrai et légitime héritier du roi Charles, *par respect pour la loi fondamentale de la monarchie.*

Sans avoir égard à la différence des temps, des lieux, des mœurs et des institutions, les députés de 1830 préférèrent l'exemple de l'Angleterre. Il eût cependant été plus noble et plus utile d'imiter la France.

Notre histoire est féconde en grands exemples, qui, souvent perdus pour nous, ont du moins profité aux autres peuples.

L'empire naissant du Brésil, entouré d'Etats républicains, et surpris par une terrible insurrection, pouvait aussi ou se rapprocher du système de ses voisins, ou se choisir un prince parmi les célébrités de l'Amérique. Il sut conserver le principe de l'hérédité dans la personne de l'enfant du souverain proscrit : sa politique fut sage ; déjà l'évènement l'a prouvé. Que dire donc de la vieille France, entourée d'anciennes monarchies, et qui viole leur principe vital dans la personne d'un autre enfant, moins jeune de cinq ans que le prince du Brésil ?

Avant de faire une révolution pour le peuple, la première pensée devrait être de s'enquérir si elle satisfait ses besoins.

Or, si c'est un besoin pour les Français de fronder le pouvoir, c'en est un plus grand encore de le respecter.

Cependant point d'estime solide sans la légitimité, point de respect profond sans la durée.

Les soldats de notre république, qui pourtant répudiait le passé, s'inclinèrent avec vénération devant les pyramides. Elles étaient debout depuis quatre mille ans. Ce sentiment involontaire qui nous domine à l'aspect des monumens antiques, s'attache bien plus fortement encore aux vieilles institutions de la patrie.

Les statues de Mercure, à Athènes, étaient construites de telle sorte, que la tête pouvait en être enlevée et remplacée sans que le peuple y prît garde. A-t-on cru qu'il en fût ainsi d'un trône héréditaire? Le trône, c'est un fauteuil; mais on n'est pas roi pour s'y asseoir. L'opinion ne s'attache qu'au droit, et le droit royal ne s'improvise pas.

On connaît toutes les précautions que prirent, pendant deux siècles, les rois de la troisième race pour s'assurer le bénéfice d'une loi que leur chef avait violée; chacun d'eux fit sacrer, de son vivant, l'aîné de ses fils, qui se faisait de nouveau couronner après son avènement au trône, voulant ainsi, par une cérémonie puissante alors sur l'esprit des peuples, prévenir la violation possible de la loi salique au bénéfice de l'une des descendantes de Charlemagne. Le mariage de Philippe-Auguste avec Isabelle de Hainaut, mit seul un terme à cette coutume, en effaçant, par l'union des deux dynasties, les dernières traces de l'usurpation.

Aujourd'hui, et après neuf siècles, on se rejette follement en arrière pour recommencer l'œuvre si pénible du temps ; on reconstruit, sur nouveaux frais et avec des chances moins favorables, l'édifice de la royauté ; on lui donne pour supports les divisions des Français et les méfiances étrangères ; c'est une œuvre d'imprévoyance sans utilité possible pour les peuples.

DE LA NÉCESSITÉ DE LA RÉVOLUTION.

On a prononcé le grand mot, le mot magique dont l'usage est si commode et l'abus si facile : la révolution fut une nécessité.

On n'a pas pris garde qu'il est dans la nature de l'homme, à mesure qu'il s'éloigne des évènemens, de s'occuper moins de leurs causes que de leurs résultats ; un acte inutile passe difficilement pour nécessaire, et plus difficilement encore s'il est funeste. Toutefois, sans nous occuper des suites de la révolution, nous en examinerons soigneusement le prétexte.

Le trône était vacant ; il était urgent d'y pourvoir, c'est au moins ce qu'on a dit. L'abdication du roi et celle du dauphin avaient été déposées aux archives le 2 août ; le jeune roi était à Rambouillet. Le lieutenant-général du royaume, fort d'un mandat royal et populaire tout à la fois, exerçait à Paris l'autorité royale dans toute sa plénitude; et le trône était vacant le 7 août! Quand mourut saint Louis, Philippe, son fils, était auprès de son lit de mort, sur la terre d'Afrique : aucun des grands vassaux s'avisa-t-il de croire le trône vacant?

Il ne crut pas davantage à la vacance du trône, cet autre Philippe, qui ne voyait cependant, entre le sceptre et lui, qu'un enfant à naître dans six mois. Il se contenta du titre de *régent*, et ne régna qu'après son neveu (1).

Au reste, les motifs de la révolution sont livrés à la publicité; nous avons sous les yeux le *Bulletin des lois* et *le Moniteur;* il suffit de lire pour juger :

« La Chambre des députés, prenant en considé-
« ration l'impérieuse nécessité qui résulte des évè-
« nemens des 26, 27, 28 et 29 juillet et jours sui-
« vans, et de la situation où la France s'est trouvée
« par suite de la violation de la Charte;

« Considérant en outre que , par suite de cette
« violation et de la résistance héroïque des citoyens
« de Paris, S. M. Charles X, S. A. R. Louis-Antoine,
« dauphin, et tous les membres de la branche aînée
« de la maison royale sortent en ce moment du ter-
« ritoire français;

« Déclare que le trône est vacant en fait et en
« droit, et qu'il est indispensable d'y pourvoir (2). »

(1) Philippe-le-Long.

(2) Bulletin des Lois, mois d'août 1830.

De tous les Français, les députés de 1830 étaient peut - être les seuls qui n'eussent pas le droit d'accuser les ministres violateurs de la Charte ; en modifiant l'article 14, ils ont prouvé que, dans leur opinion, le sens de cet article était douteux, et là où l'erreur est possible, en bonne justice le crime ne l'est plus. Cependant ils ont accusé les ministres au nom de la Charte, et, malgré elle, proscrit et changé le roi.

Mais dans le grand drame que nous examinons, le bon sens, aux prises avec l'esprit et les passions du moment, a souvent succombé dans la lutte ; laissons donc cet épisode entre mille, et poursuivons. L'état de la France, par suite de la violation de la Charte, ne pouvait être régulièrement connu, quand le considérant de l'acte du 7 août fut rédigé ; s'il eût pu l'être, il eût exprimé la surprise, et le désir qu'on s'arrêtât au parti le plus éloigné d'une révolution.

Mais ce n'est pas aux amis de la légitimité, c'est aux opinions qui l'ont proscrite que nous demanderons témoignage du passé.

Un illustre maréchal à qui la tribune comme le champ de bataille n'a manqué qu'une seule fois, s'exprimait ainsi en déposant dans l'urne de la pairie son vote d'exclusion contre la famille de ses rois : « Je « crus avec tant d'autres que l'on pouvait rétablir le « trône en faveur du jeune prince, avec une régence. « Je voyais en lui un gage de tranquillité intérieure « et de sécurité extérieure. Rappelé à Paris par des « devoirs, j'eus peine à démêler en route ce qu'on

« voulait ; on criait simultanément *vive le duc de Bordeaux! vive le lieutenant-général! vive Napoléon II! vive la république!* (1)

En France, il y a nombre d'hommes qui pensent et qui ne crient pas; cependant, si ces cris divers éclataient sur la route de Bourges à Paris, n'était-ce pas au moins un indice d'une division d'opinions, d'autant moins sensible ou plus favorable à Henri V, à mesure que la manifestation en aurait eu lieu à une plus grande distance de l'insurrection. Or, c'est de la situation de la France qu'il est question, et non de l'état de Paris.

Et Paris lui-même ne venait-il pas de donner, au milieu du combat, l'exemple de la plus incroyable modération? Ne pouvait-on en appeler au peuple à jeun? ne pouvait-on l'opposer en quelque sorte à lui-même, en proclamant la nécessité de consulter tous les Français sur les difficultés de la situation? Si l'anarchie ne fut pas à craindre, pourquoi se hâter de consommer un acte dirigé, dit-on, contre elle? S'il fallut la prévenir ou la combattre, pourquoi diviser par l'usurpation les influences monarchiques et amies de l'ordre, dont l'union eût été si utile au lieutenant-général dans l'accomplissement de sa noble tâche?

Le président du conseil disait, il y a peu de jours, que la révolution fut l'insurrection de la loi; c'est un utile renseignement; car la loi ne pouvant s'insurger contre elle-même, il en résulte qu'en violant la plus ancienne et la plus utile, on a dépassé le but

(1) Extrait du *Moniteur,* du 20 avril 1831.

de l'insurrection, qui devait être le jugement des ministres, seuls coupables selon la loi. Mais voici une plus imposante autorité : « Le peuple, dit le lieutenant-« général du royaume, dans son discours d'ouverture « de la session de 1830, le peuple invoquait la Charte « pendant le combat, il l'invoquait encore après la « victoire. » Or, la révolution du 7 août a changé la Charte, et violé son article 68, qui garantissait l'exécution des lois préexistantes.

Passons au second paragraphe du considérant. Ce fut la sortie de la famille royale du territoire français, par suite de la résistance de la capitale, qui motiva la déclaration de la vacance du trône en fait et en droit.

Il y aurait peut-être lieu d'examiner si la partie peut être prise pour le tout, quand il s'agit d'un acte aussi grave, et qui intéresse au même degré les trente et un millionièmes d'un grand peuple qui n'ont pas pris part à la résistance ; mais ce n'est pas de cela qu'il s'agit.

Qu'on nous permette de rappeler les faits; je les vois consignés dans *le Moniteur*, et je les lis sans vouloir incriminer des intentions dont je ne suis pas juge. Voici l'extrait d'un article inséré dans le numéro du 5 août :

« . . . . Le lieutenant-général du « royaume se décida à prendre à temps une détermi-« nation subite et vigoureuse ; il ordonna au général « Lafayette de faire marcher six mille hommes de

« garde nationale dans la direction de Rambouillet,
« espérant que cette démonstration suffirait pour di-
« riger le mouvement populaire, et pour décider
« Charles X à prendre le parti de s'éloigner (1). »

Ainsi, ce ne fut point par suite d'une résistance spontanée et toute populaire que le roi se décida à s'éloigner, mais par suite d'une démonstration ordonnée par le pouvoir, exécutée par une force régulière, qui ne lui laissait que le choix de la retraite ou de la guerre civile! et c'est la retraite de la famille royale qui motive la vacance du trône!....

Toute espèce de commentaire est inutile; il suffit de lire pour apprécier la nécessité qu'on invoque.

RÉSUMÉ DES ARTICLES QUI PRÉCÈDENT.

La révolution du 7 août ne fut pas l'effet de l'entraînement populaire, comme l'insurrection qui la précéda; ce fut un acte législatif illégal, parce que des Chambres incomplètes ou mutilées, qui avaient pour mission de faire des lois et de veiller à leur conservation, se sont attribué le droit de les venger en les violant; injuste, parce que s'il fut juste de proscrire les Bourbons, pourquoi un Bourbon règne-

____

(1) Extrait du bulletin inséré au *Moniteur* du 5 août.

t-il? s'il fut juste de choisir entre eux, pourquoi l'enfant sans reproche est-il proscrit? Cet acte fut impolitique, parce qu'il tendait à diviser les Français sur un point capital, et à compromettre nos relations extérieures; il ne fut pas nécessaire, parce que si l'anarchie n'était pas à craindre, il ne fallait pas en faire le prétexte d'une révolution; si elle était redoutable, il ne fallait pas affaiblir par l'usurpation le seul pouvoir qui pût lutter contre elle.

DES RÉSULTATS DE LA RÉVOLUTION.

J'ai dû montrer que la révolution ne fut ni juste, ni légale, ni utile, ni nécessaire, parce que c'est à ce vice originel qu'elle doit ses tristes résultats. Comme elle est sans cause fondée, l'opinion n'a pas foi dans son avenir. En France, aujourd'hui, tout le monde campe, personne ne s'établit; chacun semble attendre un dernier mot qui n'est pas prononcé; et cette préoccupation est un mal incurable, parce que, l'évènement accompli, il est trop tard pour lui chercher des prétextes : c'est cependant ce qu'on s'est efforcé de faire; on s'est excusé sur le parjure royal; tout en modifiant l'article 14 de la Charte, on a crié à la violation du serment, sans prendre garde au cordon bleu qu'on portait sur l'épaule, ou sans se rappeler qu'on avait naguère sacrifié, sans tant de susceptibilité, au grand violateur de toutes les institutions jurées (1). On s'est retranché derrière la haine populaire contre les Bourbons, en plaçant sur le trône un Bourbon qu'on disait Valois. Cette haine, elle existe, mais dans le cœur de quelques hommes; le peuple ne saurait la partager; chaque jour les faits révèlent la royale bienfaisance. Paris s'insurgea contre un seul acte; jusque-là, le règne de Charles X fut heureux et paternel : un roi tombé du trône sous le poids de la haine publique, ne traverse pas à petites journées plusieurs provinces. de son royaume, environné du respectueux silence des peuples. Le prince d'Andujar et du Trocadéro, la fille de Louis XVI, la veuve du duc de Berry avaient aussi droit à un autre sentiment; et à qui me dirait : Je hais Henri V; je répondrais, en montrant les tours de Bicêtre : Passe, mon ami, voici ton chemin.

Cependant le mal a porté ses fruits; il n'est déjà plus question d'invoquer la patience du peuple; on est réduit à l'admirer : c'est qu'une misère croissante répond seule aux superbes mensonges des hommes qu'elle n'atteint pas. On ne peut nier ce qui frappe tous les yeux : l'anarchie est dans tous les esprits; elle pénètre progressivement dans les actes : ici, le

_____

(1) L'auteur ne pouvait connaître, quand il écrivit ces lignes, l'ordonnance qui vient de créer trente-six pairs par un coup d'État.

pouvoir capitule avec le peuple, qui exerce souve-
rainement le droit de grâce; ici encore, le pouvoir
se défend, les armes à la main, contre l'arbre de la
liberté, que plus loin il entoure de guirlandes (1) et
environne des honneurs militaires (2). Ici, la loi de
l'impôt est foulée aux pieds; là, des presses sont
brisées, les urnes électorales renversées, les fonction-
naires repoussés; ailleurs, l'institution de la garde
nationale est soumise à la volonté des préfets; la vie
du citoyen, qui n'appartient qu'à la loi, est livrée au
caprice du soldat. qu'il nourrit. Ici, la licence, qui
effraie; là, l'arbitraire, qui irrite; nulle part la liberté,
qui rassure; et pour compensation à tant de maux,
l'irréligion triomphante, le relâchement de la morale, le paupérisme et des milliers de banqueroutes,
voilà la révolution du 7 août, la voilà telle que l'ont
peinte ses plus brillans orateurs! et cependant à aucune époque le pouvoir ne disposa d'aussi immenses
moyens de gouvernement. Il possède, en pleine paix,
une armée plus nombreuse que celle de Louis XIV
en guerre avec l'Europe; des moyens de police con-
sidérables, une force locale d'un million et demi de
baïonnettes, un budget de 1500 millions, une espèce
de blanc-seing des pouvoirs législatifs; en paix avec

(1) Voir la circulaire du préfet de la Côte-d'Or, pour les fêtes
de juillet.

(2) A Grenoble, la garnison et la garde nationale, en présence
des autorités civiles et militaires, ont défilé devant l'arbre de la liberté.

l'Europe, en paix avec la France ; il est exercé par des ministres capables ; séduction de la jeunesse et de l'enfance, voyages politiques, douces paroles, promesses flatteuses, récompenses sans fin, rien n'est épargné ; et qu'en résulte-il ? Le mal subsiste ; il subsiste en dépit des efforts, des sacrifices et des bonnes intentions ; il subsiste, parce que la cause du mal étant toute morale, les moyens matériels sont impuissans pour le détruire.

Pour faire un roi héréditaire contre le droit de naissance, il fallut agir arbitrairement au nom de la souveraineté du peuple ; et, il faut le dire, la franchise naturelle à la nation ne comprend rien à cette machine sans nom, créé par quelques hommes, entre la royauté séculaire et le gouvernement de tous. Il y a en France une idée fixe attachée à chaque nom d'hommes et de choses ; et comme l'expérience a confirmé l'interprétation populaire, les plus sages théories tenteraient vainement de la combattre. Ainsi, dans l'esprit des masses, Napoléon signifie despotisme, gloire, conquête ; légitimité signifie pouvoir incontestable avec les plus fortes garanties d'ordre et de liberté ; souveraineté du peuple veut dire république avec ses conséquences obligées ; et, en vérité, quand hier encore on offrait au peuple l'encens d'une ambition satisfaite à ses dépens, on aurait mauvaise grâce de lui dire aujourd'hui : « Le souverain, c'est nous qui nous cachions ; le sujet, c'est toi qui combattais. » Il résulte de cette idée populaire attachée à un mot si imprudemment réveillé, que le pouvoir est obligé de combattre, pour conserver l'existence, les effets nécessaires du principe qu'il invoqua pour la justifier. C'est une détestable position. Il y a plus : tout pouvoir tient de sa nature ses conditions d'existence; né de la violence, c'est par la violence qu'il s'établira. La république française se maintint tant qu'elle fut terrible; dès qu'elle cessa de l'être, elle périt. Napoléon lui-même, devenu consul par un coup d'Etat, empereur par la victoire et par l'abaissement des vieilles monarchies, sentit que la modération ne pouvait être d'abord sa condition d'existence; au-dedans il fut despote, au-dehors conquérant : dès qu'il se crut roi, dès qu'il cessa d'affaiblir les vaincus, la victoire et le trône lui échappèrent. Le pouvoir du 7 août ayant éloigné violemment la royauté légitime d'Henri V, se trouve forcément placé dans les conditions d'un gouvernement usurpateur; et cependant la volonté d'abord, et puis la force lui a manqué pour les remplir. En présence de l'Europe, qui le tolère sans cesser de l'épier, de la majorité des Français, qui ne voulait pas de révolution, et de la licence, qui le poursuit, son acte de naissance à la main, il n'ose être ni conquérant, ni franchement despote, ni franchement ingrat : de là cet état de molle anarchie qui, semblable à une maladie de langueur, s'est emparé du corps social. Tous les intérêts y périssent, la dignité même de la nation s'en ébranle; et certes ce n'est pas le pouvoir, c'est son origine seule qu'il faut accuser; ni le courage ni l'habileté ne manquent aux hommes qui l'exercent. La révolution a produit tel ministre qui aurait occupé une place honorable dans le règne d'Henri V; mais réduit par la force des choses à combattre ses propres doctrines, à s'agiter dans le vague, à suppléer à l'impuissance des actes par l'orgueil des paroles, il est condamné, en naissant, à une bruyante immobilité. La royauté légitime a occupé pendant cinq ans Cadix et Barcelonne, au grand déplaisir de l'Angleterre; l'usurpation n'a pu conserver les places belges cinq jours au-delà du terme fixé par la conférence anglaise : une seule fois elle prit son élan, et ce fut pour reculer. Cependant il faut l'absoudre de la bonhomie de sa politique, car un jour de fierté la perdrait : elle travaille pour vivre; pour une royauté, c'est une humble condition.

Tel est l'état de la France, par suite de la révolution : elle a conquis le pouvoir du 7 août, et perdu, par compensation, son bonheur et sa dignité. Il y a des gens qui trouvent admirable ce système d'échange : à eux permis.

DE L'AVENIR DE LA RÉVOLUTION.

Certaines personnes à qui la révolution a fait un lit meilleur, comptent encore sur l'avenir; les yeux

fixés sur la rente ou sur la place publique, elles rê-
vent le bonheur et la durée, quand la rue est tran-
quille et le cours plus élevé, tandis qu'auprès d'elles
s'éteint peut-être, dans un muet désespoir, une famille qui ne verra pas le second anniversaire de leur
triomphe. « L'ordre renaîtra, » disent-elles ; et l'é-
meute, qui fait son tour de France, leur répond sans
les convaincre. C'est une étrange folie que de croire
qu'avec de méchantes notes on puisse jamais faire de
bonne musique ! Le mal est dans les institutions, dans
le désordre des esprits, dans le déplacement et dans
la division des influences sociales, dans l'idée attachée au principe qu'on a proclamé ; le mal est dans
l'usurpation, qui a soulevé les passions, et qui ne
peut les comprimer ni les satisfaire. « Les accidens
« de la fortune, dit Montesquieu, se réparent aisé-
« ment ; on ne peut parer à des évènemens qui nais-
« sent continuellement de la nature des choses. »
Rousseau a exprimé la même pensée dans le *Contrat
social.* Tous les publicistes qui ont étudié les hommes
et les choses, condamneraient les vaines tentatives
d'un pouvoir qui, ne pouvant remonter à la cause du
mal, puisque la cause c'est lui, s'imagine follement
pouvoir le détruire en en combattant les effets.

Il y a des politiques qui ont cru qu'il suffirait d'ef-
facer quelques noms de l'Almanach royal, pour que la
paix du Seigneur fût avec eux. Ils ne se sont pas aperçus
que l'esprit d'opposition n'était pas dirigé seulement
contre les hommes, mais contre le pouvoir ; et qu'en

lui ôtant à la fois son prestige et sa moralité, ils imaginaient un singulier expédient pour affaiblir ses ennemis. D'autres vous diront que la seconde race de nos rois ayant fini, la quatrième dynastie peut bien commencer et se perpétuer comme la troisième. D'autres, enfin, les yeux fixés sur l'Angleterre, assurent que les Bourbons sont les Stuarts, et en concluent que Louis-Philippe sera Guillaume d'Orange. Ce n'est pas ainsi qu'il faut lire l'histoire. Quand Hugues de France s'empara de la couronne, le droit héréditaire était un principe fondamental, mais sans application régulière ; quand Philippe d'Orléans s'assit sur le trône, la loi qui en règle la transmission était invariablement fixée et suivie depuis neuf siècles. Au temps de Hugues, les Français se subdivisaient par masses soumises chacune à la pensée d'un seul homme ; le maître séduit, le serf s'incline ; que lui importe l'usurpation ! Aujourd'hui, tout Français lit, calcule, compare, juge, condamne ; tout Français est une intelligence, qu'on égare sans doute, mais pas long-temps. Qu'ont de commun la barbarie et la civilisation, Charles de Lorraine et Henri de France ? En 987, l'usurpation pouvait n'être qu'une coupable aventure ; en 1830, c'était une dangereuse folie. Parlons de l'Angleterre. Guillaume d'Orange, chef d'une coalition européenne contre la France, devait être plus utile encore à ses alliés sur le trône de la Grande-Bretagne ; il y monta donc avec toutes ses alliances, que la position maritime de sa nouvelle patrie lui rendait cependant moins nécessaires. Habile politique, génie profond, capitaine infatigable, appelé par les hautes influences du pays, par les intérêts de la politique et de la religion nationale, Guillaume régna parce qu'il sut vaincre, et transmit la couronne à des héritiers qui ne la conservèrent qu'à ce prix.

Qu'avons-nous de semblable aujourd'hui? quels intérêts a-t-on rassurés? quelles influences satisfaites? quel culte raffermi? quels alliés conservés? quelles victoires avant? quelles victoires possibles après?

L'Angleterre a confié sa révolution à l'aristocratie, qui conserve; les hommes du 7 août ont livré la leur à la démocratie, qui dévore : de causes et d'évènemens différens on ne saurait déduire des conséquences identiques.

Ce qui est vrai, c'est que la grande transaction de l'Hôtel-de-Ville eut pour objet d'obtenir la chose en attendant le mot. La France ne veut pas de république, je le sais, mais elle voulait continuer la monarchie il y a quinze mois; et déjà, malgré les efforts d'un ministre dévoué à l'ordre, elle se trouve transformée en démocratie royale; le passé répond de l'avenir. Avec des institutions républicaines, la division des hommes monarchiques, et une royauté sans considération, on peut retarder le mal, mais non l'empêcher... Quand il plut à quelques hommes de supposer éteinte la race de nos rois, les partisans du principe héréditaire, qui sont nombreux et armés de l'influence de la propriété, protestèrent ouvertement ou en secret contre cette fiction; mais la fiction admise par l'entraînement de la peur, on les vit suivre une ligne de conduite différente. Les uns, préoccupés des intérêts moraux de l'avenir, se retirèrent avec la loi vivante; les autres, sacrifiant leur sentiment ou leur croyance aux intérêts pressans et matériels du pays, lui continuèrent un concours qu'ils crurent utile. Chacun selon sa conscience se montra bon citoyen, aucun ne se montra courtisan : cependant tous sont utiles au pouvoir; aussi, en s'efforçant de lier par un serment la cause de l'usurpation à celle de l'ordre, on a commis une grande faute; on s'est privé du concours d'électeurs et de députés familiarisés avec les idées positives d'administration et de gouvernement. Cromwell dispensa du serment le savant Halès, pour l'engager à continuer de rendre la justice sous son règne; Cromwell était plus politique que la loi française. Cet éloignement, ces refus de serment, ces emplois, ces existences même sacrifiées au devoir et à la conscience, devaient nécessairement influer tôt ou tard sur l'opinion; car s'il y a en France un petit peuple qui profite de la révolution, il y a un grand peuple qui la paye; celui-ci reconnaîtra bientôt quel est le meilleur citoyen, de l'homme qui préfère sa foi politique à sa place, ou de celui qui bouleverse l'Etat pour en obtenir une. Déjà l'éloignement des hommes indépendans et consciencieux a porté ses fruits; on peut remarquer les symptômes d'une indifférence politique non moins funeste à la liberté qu'au pouvoir lui-même. Qui s'inquiète aujourd'hui de la Chambre des pairs élective ou héréditaire? qui songerait même à la Chambre des députés, si de temps à autre une séance dramatique et hostile au pouvoir ne réveillait l'attention? Vingt-huit électeurs nomment un député; un petit nombre de législateurs votent un article de la loi qui intéresse la population tout entière; le vote des budgets de l'État est ajourné sans réclamation; les questions les plus graves dans tout autre temps, passent en quelque sorte inaperçues : c'est que personne ne s'arrête aux détails, quand la base même de l'édifice est ébranlée; et je le dis avec une pénible conviction, cette indifférence, si favorable aux entreprises hardies des passions, trop générale pour ne pas encourager la guerre étrangère, ne l'est pas assez pour détourner la guerre civile : ces deux fléaux nous menacent dans un avenir plus ou moins rapproché; je m'explique : parmi les légitimistes, un grand nombre n'aurait pas conseillé les ordonnances de juillet; et hors des rangs militaires, aucun d'eux ne put se croire chargé de les défendre. Prendre un fusil pour se jeter dans les rangs d'une troupe que la fatalité seule pouvait vaincre, c'eût été courir au secours du vainqueur ; le lendemain de son incroyable défaite, on ne le pouvait plus faire sans désobéir au roi ; cependant on a divisé les Français en vainqueurs et en vaincus, on a fait des lois pour le peuple conquérant, des exceptions pour le peuple conquis; on a attaqué des populations dans leur culte ;

on a livré les autres au régime de la conquête, violé
le domicile et la propriété; on a emprisonné sur de lé-
gers soupçons; dans la même ville, de deux citoyens
égaux en droits, l'un est armé, l'autre est désarmé
comme suspect; et pour justifier à l'avance toutes ces
fautes, on s'est écrié : « La guerre a prononcé! » Mais
la guerre ne dit jamais son dernier mot, la justice seule
le prononce. Au-dehors que voyons-nous? une solidarité royale froissée dans son plus cher intérêt;
des peuples désenchantés par nos misères, ou blessés
par de vaines fanfaronades; des révolutions encou-
ragées et trahies; des gouvernemens offensés par
une politique qui ne sut être ni prudente ni coura-
geuse; la civilisation tout entière attaquée dans la
vie sociale de son premier peuple; et enfin la souveraineté monarchique menacée par la déconsidé-
ration d'une royauté qui, attaquée par les uns, re-
poussée par les autres, livrée aux argumens du
droit, aux récriminations du fait qui l'a produit, aux
traits aigus du sarcasme, prépare ainsi les esprits
européens à voir disparaître l'institution elle-même,
malgré son immense utilité; et qu'on parle ensuite
de désarmement, la question n'est pas là; car il
importe peu d'être surveillé par des armées com-
plètes, ou réduites au moyen de congés révocables
au premier coup de tambour : le matériel, les appro-
visionnemens, les intérêts subsistent; ce n'est pas
la force militaire de l'Europe qu'il faut désarmer,
c'est sa politique. Comment y parvenir? et si l'on n'y

parvient, le cas échéant, que lui opposer ? Une guerre méthodique ? Napoléon, avec les armées de l'empire et des alliés intéressés, s'attacha à combattre les grandes puissances en détail ; dès qu'il les trouva réunies, il succomba. Le levier révolutionnaire ? Il brise la main qui l'ose manier ; le pouvoir serait sa première victime. Il faut le reconnaître, la révolution avec un faux allié dans l'embarras, compte beaucoup d'ennemis qui n'y sont plus ; et par une fatalité qui lui est propre, les embarras mêmes de ses adversaires ont tourné contre elle ; car ils leur ont fourni le temps et les moyens de la déshonorer avant de la vaincre.

Ainsi, la guerre étrangère nous menace, et il est trop tard pour la faire avec succès ; la guerre civile est imminente, et tous les Français en ont horreur ; et s'il était possible de prévenir l'invasion par de nouvelles concessions, la guerre intérieure par une compression toujours puissante, la révolution n'en demeure pas moins placée entre le parti qu'elle a trompé et celui qu'elle a surpris, partis en qui seuls réside ou la force qui oblige, ou le droit qui persuade, destinée à se traîner ainsi au milieu d'un cortége d'humiliations et de ruines, avec des intervalles de repos et d'émeutes, de hausse et de baisse ; et quel sera le terme d'une telle misère ? Je l'ignore : le mépris est un poison lent ; mais dût-elle se prolonger ainsi, est-ce bien là la vie d'un grand peuple ? Semblable au patient de l'Hôtel-Dieu livré aux expériences de

l'art jusqu'à ce que mort s'ensuive, la France est—
elle donc condamnée à payer de sa fortune et de sa
gloire, les efforts prolongés d'un amour-propre aux
abois? que faire cependant? En l'absence du droit,
toutes les spéculations ont cours sur la place publique : il faut donc toutes les soumettre au double creu-
set de l'expérience et de la raison.

DE LA RÉPUBLIQUE.

La république en France, c'est le système de l'inex-
périence et du désordre ; la philantrophie la rêve,
mais les passions l'attendent pour l'exploiter. Les
jeunes gens qui n'ont conservé du passé que le souvenir de son énergie, indignés de ce qui se passe au-
dessus d'eux, parce qu'ils sont désintéressés et purs,
dédaignent cependant de regarder au-dessous, et rê-
vent encore pour notre vieux pays de France, les institutions de la jeune terre d'Amérique. Nous les avons
entendus considérer la misère du peuple comme un
acheminement à leur système. Il est certain qu'au
temps où nous vivons tout est possible, mais rien ne
durerait que ce qui a le plus duré. Un peuple pau-
vre, mais simple et satisfait, peut être propre aux
formes républicaines ; un peuple misérable, mais

qui ne l'a pas toujours été, se précipitera vers un changement, quel qu'il soit, république ou despotisme,
mais pour changer encore, si ses maux subsistent,
comme un malade se retourne sur son lit de douleurs
jusqu'à ce qu'il ait trouvé le repos. Je rends justice
aux progrès de la raison publique, mais elle se ma-
nifeste surtout au sein de l'ordre et du bonheur; elle
fuit la misère, elle cède à l'entraînement de l'anarchie. La partie active de la population n'est plus,
comme en 1830, accoutumée à l'ordre et au respect
de la royauté; alors elle était heureuse et libre, et
même, en s'insurgeant, elle conserva ce caractère de
modération, que la misère et la haine ignorent; ir-
ritée aujourd'hui par des promesses mensongères,
par des espérances déçues, par le malheur, l'anarchie, le relâchement des liens sociaux; comment ré-
pondrait-elle à un appel à la république ?.... N'y a-t-
il plus parmi nous de chantres pour la guillotine,
d'oraison funèbre pour le régicide ? La raison publique a-t-elle étouffé ou l'encens du poëte ou la
voix de l'orateur ? N'y a-t-il plus en France ni ri-
ches, ni pauvres, ni passions pour briser les obstacles, ni vices pour en profiter ? On ne veut plus d'excès,
plus de crimes; serait-ce à dire qu'on les eût voulus
autrefois ? Paris en armes vit tomber la tête de
la reine, et Paris avait horreur de sa mort ! On
est prévenu; on est décidé à empêcher le retour de
pareils maux; Rome aussi était prévenue, Rome
aussi avait horreur du crime, et quarante ans après

les proscriptions de Sylla et de Marius, elle souffrit celles du triumvirat; qu'importent et la division des propriétés et le grand nombre des amis de l'ordre? quand le pouvoir est d'accord avec les passions ou dominé par elles, la question se réduit à compter combien il faut de victimes pour lasser un bourreau!....

DU DUC DE REICHSTADT.

Nous avons entendu parler d'une autre légitimité, comme si le droit de la force pouvait survivre à la force; comme s'il était possible, sans changer la loi, ou sans la violer, de ne pas retrouver le prince selon la loi; comme si, né et mort loin du trône, le soldat empereur avait pu affranchir son sceptre de la sanction du temps. Toutefois, examinons cette question dans l'intérêt seul de la patrie.

Le grand capitaine se fût chargé de la France, il y a quinze mois; il aurait crié : *au Rhin!* et les passions l'y eussent suivi. Mais, aujourd'hui, le cahier des charges est différent. S'il vivait, que viendrait-il faire parmi nous? gouverner avec la paix et la liberté! mais la liberté, c'est le raisonnement, et il l'enchaîna aux grands jours de sa gloire; la paix, c'est l'ordre, qui est le triomphe du droit. Viendrait-il se renfermer dans l'héritage de Louis XVI, l'homme qui dissipa si imprudemment l'héritage de la république? Il s'y soumettait en 1815, et déjà elle renaissait pour l'en punir; elle avait compris qu'en renonçant au grand empire, il abdiquait pour elle. Cependant, comment franchir désormais les frontières de la vieille monarchie? En présence de l'Europe unie et attentive, Napoléon lui-même serait réduit à briser son épée; et ce que n'oserait tenter le géant des pyramides, le jeune prince autrichien le pourrait-il faire? Qu'on y prenne garde, le nom de Napoléon est populaire, parce qu'il présente aux masses l'idée de la grandeur et de la force : ôtez-lui sa signification par l'expérience, le prestige cesse, et ce grand nom n'est plus qu'un fardeau. En quel état, d'ailleurs, son fils trouverait-il la France? elle fut laissée glorieuse et riche au duc d'Orléans; elle serait livrée misérable et découragée au duc de Reichstadt : qu'en ferait-il? Déplacer la question, ce n'est pas la changer : en présence du fils des rois, le fils de l'homme ne serait qu'un autre usurpateur impuissant à soulever la massue de son père; ce ne serait ni un homme ni un principe, ce serait encore la république ou rien.

❧❀❧

DU VÉRITABLE REMÈDE AUX MAUX DE LA FRANCE.

Nous ne parlerons pas du choix d'une dynastie étrangère ; la France est, depuis long-temps, en possession de donner des souverains aux autres peuples : ce souvenir est une de ses grandeurs ; elle doit vouloir les conserver toutes. Que faire donc, encore une fois ? notre époque a quelque ressemblance avec les derniers jours de la république : c'est le Directoire sur un moindre théâtre, débarrassé de la gloire et des grandes figures de Buonaparte et de Moreau ; alors, du moins il se trouvait un homme pour souffler sur le roitelage directorial, et pour refaire la monarchie. Si l'on trouvait un pareil génie, il ne nous resterait peut-être qu'à calculer la durée probable de sa vie pour apprécier celle de l'ordre ou de la discipline qu'il pourrait nous procurer ; mais la nature se repose en ce moment, si elle n'étouffe obscurément son nouvel ouvrage. Cependant, c'est surtout en l'absence des hommes à forte tête et à lourde épée qu'il faut s'attacher aux sages principes, ou y revenir promptement. On convenait, il y a six mois, qu'on aurait dû s'en tenir à Henri V ; quand l'espoir est possible, il n'y a qu'un pas du regret à l'espérance. Mais on se rejette encore sur l'impossible, comme si ce mot était français ; on s'écrie : il est trop tard ! comme si cette opinion n'était pas un arrêt de ruine pour la population ; ou si l'on n'a gagné à la révolution ni places ni fortune, on se crée, comme à plaisir, de vains fantômes, qu'on oppose au salut de la France. Depuis 1815, la méfiance et la calomnie ont été en quelque sorte repoussées de position en position. On ne parle plus aujourd'hui de priviléges nobiliaires, de biens nationaux, et des abus de la féodalité ; ou si l'on en parle encore, c'est dans quelque ruisseau, au nom de la police. Mais on se préoccupe du droit divin, de l'influence de la cour et du clergé ; on craint les réactions, les dangers d'une régence, la suspension des libertés. Il en serait de toutes ces chimères comme des fables de la dîme et du droit de champart, si l'évènement avait pu prononcer : mais, privés de la logique du fait, nous sommes forcés de recourir au raisonnement ; et peut-être nous accordera-t-on quelque confiance, si nous parvenons à prouver que la légitimité est intéressée à faire ce qu'on peut en attendre, à éviter ce qu'on en peut craindre.

DU DROIT DIVIN.

« L'art de bouleverser les Etats, dit Pascal, est
« d'ébranler les coutumes établies, en sondant jusque
« dans leur source : c'est un jeu sûr pour tout per-
« dre. » Il eût été plus sage, peut-être, de se borner
à jouir, selon l'avis de Pascal, des effets d'une an-
tique et utile institution, sans se préoccuper aussi
malheureusement de son origine. Mais la philoso-
phie a ouvert l'arène : la religion y est descendue
avec ses preuves; la légitimité peut s'y montrer avec
ses titres.

« Ce qui est légitime, disait à la tribune le général
Foy, c'est ce qui est intime à la loi. » Le titre de
Henri V reposant sur une loi de neuf siècles qu'aucune loi n'a rapportée, il en résulte qu'aux yeux de
ce grand orateur, comme à ceux du dépositaire de
la sainte ampoule, ce titre royal serait sacré.

Arguer d'un droit quelconque, a-t-on dit, c'est
faire du trône et du peuple une propriété de famille ; c'est une révoltante monstruosité. D'accord,
si l'on pouvait attacher une pareille idée à la possession du droit; mais il n'en est pas ainsi. Comme
le citoyen appartient à la cité, sans pour cela

cesser d'avoir un droit qui ne peut lui être ravi que par la loi dans les cas prévus par elle, le roi appartient à la patrie, sans cesser d'exercer un droit indépendant, droit imprescriptible, parce que la loi qui le règle, n'a pas prévu le cas où il pourrait cesser de l'être. En résulte-t-il quelque dommage pour la liberté? aucunement, car l'indépendance du trône n'existe pas pour le roi dans l'intérêt de sa personne, mais pour la royauté dans l'intérêt du peuple. Si le souverain en abuse, les ministres en répondent; s'il y a force majeure, il abdique, son fils règne, et le principe conservateur est sauf sans lésion pour la liberté. S'il y a conjuration et succès contre elle, c'est un état violent, conséquemment peu durable, mais possible dans tous les cas; car là où se trouvent réunis la volonté et les moyens du despotisme, les conditions et les menaces écrites sont impuissantes pour l'empêcher; et pour qui connaît le cœur humain, les velléités de tyrannie sont d'autant plus fortes que la condition du pouvoir est plus dépendante. Mais, dira-t-on, s'intituler *roi par la grâce de Dieu*, c'est rattacher son droit à la sainte ampoule, et non pas à la loi d'hérédité. Appliquée à la légitimité, cette idée est fausse; appliquée à Napoléon, elle est vraie; il était né loin du trône, et se disait empereur par la grâce de Dieu. Il ne pouvait donc justifier cette formule que par la sanction religieuse qu'il avait reçue. Louis XVIII, au contraire, qui n'a jamais été sacré;

Charles X et ses prédécesseurs , avant de l'être, l'ont adoptée dans leurs actes, donc ils ne la rattachaient pas à l'onction de leur sacre. Nos rois règnent parce qu'ils sont fils de rois ; et comme ce privilége d'une naissance royale est indépendant de la volonté de l'homme, si l'athée l'attribue au hasard , le chef d'une société chrétienne ne peut l'attribuer qu'à Dieu.

Ainsi le roi légitime , c'est le roi selon la loi d'hérédité, d'autant plus respecté , et partant d'autant plus utile, que son titre est plus ancien.

DE L'INFLUENCE DE LA COUR ET DU CLERGÉ.

Vouloir éloigner les flatteurs de l'oreille des rois, serait une entreprise chimérique ; quiconque prime est flatté. Robespierre eut aussi ses flatteurs, et Marat ses courtisans ; mais si l'on ne peut détruire la flatterie, on peut du moins lui ôter ses gages. Examinons cette question. Les institutions en apparence les plus frivoles, se lient souvent à un grand intérêt politique. Les rois des deux premières races n'avaient institué qu'un petit nombre de charges domestiques ; mais ceux de la troisième les multiplièrent comme un moyen de lutter avec succès contre la puissance féodale. En effet, pour arracher le seigneur au fief, pour entraîner de dangereux vassaux dans la sphère de la royauté, il fallut offrir à leur oisiveté l'appât du plaisir, à leur orgueil celui des emplois. De là cette nomenclature de charges et de fonctions, cette cour noble et brillante, qui a si puissamment contribué à civiliser le despotisme et à préparer la liberté. Mais aujourd'hui les progrès du temps et des mœurs ont complètement changé les intérêts du roi et du peuple; la centralisation de toutes ces influences qui se neutralisent au sein de la capitale, tandis qu'elles contribueraient puissamment à l'ordre en agissant chacune dans la sphère qui lui est propre, est un de ces abus funestes que les institutions doivent combattre. Point de crainte donc du rétablissement de la cour telle qu'on l'a connue; car l'intérêt de la monarchie s'y oppose; quelques emplois nécessaires et dignement confiés, une grande représentation réclamée par les arts, le commerce et l'industrie, tel doit être l'emploi de la liste civile, dépense utile à l'État; car ainsi réglée, elle produit en réalité plus qu'elle ne coûte. Parlons du clergé : on ne prétend pas sans doute détruire l'influence locale et toute relative qu'il doit à ses vertus et à la confiance des peuples ; car on tient à conserver, dans toute son autorité, une religion que Diderot enseignait à sa fille, et qui, selon Bossuet, *est le frein que les princes doivent blanchir de leur écume;* mais on veut éviter leur intervention politique. On me permettra de rappeler que les ordonnances concernant les jésuites ont été signées par Charles X; et en conclure que si l'influence cléricale n'a pu balancer la raison d'État dans l'esprit d'un monarque septuagénaire, elle n'aurait pas un plus grand crédit sur la politique d'un jeune prince plus rapproché de nos mœurs et de notre âge. Au reste, la légitimité appartient à tout le monde, et n'a besoin de ménager personne; le clergé gagnerait à son triomphe, parce qu'elle est un puissant moyen de rétablir l'ordre, qui est un besoin pour tous; mais en acceptant la révolution avec une soumission toute évangélique, en accueillant la mission de prier pour elle, en s'éloignant avec une résignation toute pastorale des dignités mondaines, le clergé de France a conquis une position que l'intérêt de la religion et du trône font un devoir de lui conserver.

DES RÉACTIONS ET DE L'AMOUR-PROPRE.

On a parlé des réactions de 1815 et de vengeances locales qui attristèrent alors la France; l'opinion a raison de les flétrir; mais la monarchie l'avait fait avant elle; car si les provocations et le crime motivent la vengeance, ils ne la justifient pas. Quant aux actes politiques, ils appartiennent à l'histoire, qui n'a pas encore acquis le droit de les juger. Aussi nous ne mentionnerons ces temps de malheur que pour faire ressortir la différence qui existe entre cette époque et la nôtre : on sait ce que l'honneur et la fortune de la France eurent alors à souffrir de l'entreprise de Napoléon ; on en connaissait les complices ; ce qu'ils firent, ils l'avaient voulu faire ; l'intention et le fait étaient d'accord pour les accuser ; mais aujourd'hui, si les contribuables sont fondés à croire à la réalité d'une invasion, c'est au moins une invasion française, qui laisse intact l'honneur de nos frontières, et dont les coupables n'ont pas de juges. En effet, qui pourrait se vanter de n'avoir abusé du pouvoir ni de l'opposition, de n'avoir été faible ou irréfléchi, égoïste ou ambitieux, timide ou imprudent ? qui pourrait aujourd'hui vouloir porter la main sur autrui, sans être d'abord obligé de la tourner sur soi-même ? Les hommes disparaissent dans la question qui s'agite, pour faire place aux évènemens, dont les institutions seules sont coupables. Sans doute la révolution a donné lieu à des vexations et à des calomnies ; mais ne pouvait-elle plus mal faire ? elle a trouvé un organe pour menacer la fille de Louis XVI et le royal orphelin. Mais qu'est-ce qu'un vœu pareil, si ce n'est le triste effet d'une affection pitoyable qui échappe au ressentiment sous le nom bannal de monomanie ? Il serait injuste d'ailleurs d'isoler les hommes des circonstances où ils se sont trouvés. Lanjuinais prononça un vote odieux contre Louis XVI, mais ce n'était pas la mort. Lanjuinais s'est assis auprès de Desèze sur les bancs de la pairie. Il est de l'intérêt de tout gouvernement de réduire au plus petit nombre le chiffre de ses ennemis, et de leur persuader, s'il est possible, qu'ils ne l'ont jamais été. Sans doute la légitimité trouverait des vertus à reconnaître ; mais pour tout autre sentiment le passé est clos ; l'avenir seul peut établir une distinction entre les Français ; car l'avenir appartient à tous, et laisse à chacun le libre arbitre. Pour aujourd'hui, je m'abstiendrais de juger un adversaire, je craindrais de condamner un ami. Point donc de réaction possible ; l'avenir nous ménage peut-être une grande fête de famille ; mais je n'y vois point de procès.

Point de réaction, même contre l'amour-propre, car la clémence aussi est impossible. En plaçant à l'horizon de la France un enfant trop jeune pour avoir connu l'offense ; un enfant pour qui l'exil n'est qu'un utile épisode de son éducation royale, la Providence n'a-t-elle pas pris soin de détruire à l'avance les plus subtiles méfiances de l'amour-propre? Je comprends aussi que des intérêts de fortune et d'honneurs ont été créés par la révolution, et qu'ils ont besoin d'être rassurés. De pareilles méfiances ne peuvent être dissipées d'une manière absolue; je les admets cependant; car si l'égalité est dans nos mœurs, la vanité est dans nos esprits; les intérêts se subdivisent en avantages honorifiques ou gracieux, et en droits acquis par suite de services. Le mot *droit* exclue le doute, car le règne de la légitimité n'est que le triomphe du droit; mais il est aussi le triomphe de l'ordre, qui ne peut exister, même dans un Etat démocratique, qu'autant que chaque citoyen s'y trouve placé d'une manière conforme à son influence relative. S'il y a exclusion ou privilége, il n'y a pas de garantie de durée, sous quelque régime que ce puisse être, parce que la justice et l'ordre sont seuls durables. Au reste, si la restauration, préoccupée des fâcheux souvenirs de 1815, tout en accueillant les hommes de l'empire, ne sut pas toujours choisir entre eux; si elle combla de faveurs des hommes sans valeur personnelle, et prit quelquefois une noble réserve pour de l'opposition, la jeune légitimité serait dans d'autres conditions; elle ne se souvient que pour espérer; elle ouvre une ère nouvelle; forte de sa mission et de son droit, elle pourrait chercher la force où elle réside, et aller tête haute au-devant de tous les talens et de tous les courages, car personne ne lui répondrait : « Vous avez placé ma conscience entre vous et moi. » Encore un mot sur cette question. Le duc de Bourgogne et Mayenne avaient aussi disposé de la couronne, et de plus, combattu leur roi légitime; ne durent-ils pas croire leur honneur intéressé à persévérer dans leurs voies ? Ils sacrifièrent cependant leur amour-propre aux intérêts de la patrie. Paris lui-même, si vivement compromis à ces deux funestes

époques de notre histoire, immola au bonheur public
un amour-propre dont le sacrifice fut un de ses titres
de gloire. Combien aujourd'hui un retour à l'ordre
est plus facile ! Paris ne s'est armé régulièrement que
dans l'intérêt de la société, et pour faire regretter
aux anciens conseillers de la couronne l'acte impolitique qui lui ôta les moyens de s'opposer à la révolution.

DES LIBERTÉS PUBLIQUES.

Promettre le bonheur et la liberté, c'est le rôle de
quiconque veut séduire les peuples; prouver qu'on
est intéressé à remplir cette promesse, c'est identifier
sa cause à la leur, c'est détruire le doute, ou le lais-
ser sans excuse.

Rassuré sur la liberté civile et sur l'égalité devant
la loi, le peuple, proprement dit, s'inquiéterait peu
des théories politiques qui agitent le monde; sa
charte à lui, c'est la cote du percepteur; aussi se se-
rait-il accommodé du règne de Napoléon, s'il eût
rendu moins lourd le double impôt de l'or et du
sang. Mais telles sont aujourd'hui et la confusion des
rangs, et l'activité des relations journalières entre
tous les citoyens, que les besoins politiques des clas-

ses oisives ou rapprochées du pouvoir, ne tarderaient
pas à pénétrer les sphères inférieures, s'ils n'étaient
raisonnablement satisfaits. De là la nécessité d'assurer à la France des institutions larges, qui mettent la
logique du côté du pouvoir ; car, s'il l'abandonne à
ses adversaires, dût-il recourir à la politique de Robert
Walpole, il sera réduit tôt ou tard à l'alternative d'é-
touffer la voix de la presse ou de périr par elle. La presse
est un trésor qui réduit promptement à l'aumône les
gouvernemens qui ne peuvent ou l'enchaîner par
le despotisme, ou la discréditer par la liberté. La
république et l'empire ont adopté le premier moyen ;
ils le pouvaient faire sans danger, parce qu'alors les
passions trouvaient ailleurs une pâture ; mais la presse
est le seul aliment qu'elles puissent obtenir aujour-
d'hui d'une révolution qui les a si imprudemment
soulevées. Le pouvoir l'a compris ; aussi sa vie de
seize mois est-elle déjà bien avancée ; chaque jour,
au mépris du tarif de la liberté, la presse l'attaque,
le refoule et le flétrit dans son berceau ; et dans cette
lutte opiniâtre, la morale et la raison sont pour elle.
L'usurpation coûte trop cher aux peuples pour que
l'opinion ne s'attache pas à la rendre amère et difficile, et il est impossible qu'elle ne se révolte pas
contre un privilége qui enlève à trois millions de
gardes nationaux armés au nom de la souveraineté
du peuple, pour la défense commune, le droit d'exercer indirectement un contrôle sur les dépenses dont
ils supportent le poids. Mais ce privilége est vital

pour le pouvoir actuel, et ce n'est pas à lui qu'il est donné de le détruire. La légitimité seule peut arracher à la presse ces armes qui remuent si puissamment l'amour-propre et les intérêts. Seule, elle peut faire décider par la France indépendante toutes les questions qui nous divisent; et ce qu'elle peut faire avec l'appui de son droit, je prouverai qu'elle le doit faire dans l'intérêt de sa conservation. Il y a parmi nous du patriotisme par boutade, et des impulsions de parti, mais il n'y a point d'esprit public permanent. Le cercueil de Turenne traversa autrefois nos provinces au milieu d'un deuil général; on ne lui tiendrait compte aujourd'hui que de son opposition à Louvois. Il faut donc rétablir l'esprit public, c'est l'unique moyen de fondre les partis dans l'Etat; et, pour y parvenir, agir sur la société tout entière, en remontant, par la liberté de l'enseignement, à l'enfance, qui est le premier degré de la famille, et, par les franchises locales, à la commune, qui est le premier degré de l'élection. Là sont évidemment les élémens nécessaires de la réforme sociale. Le progrès des lumières et de l'éducation a déplacé un grand nombre d'existences, et fait surgir dans toutes les localités, des prétentions ou des talens sans emploi. Comprimés par des institutions restreintes, ils se tournent vers le centre comme vers la patrie commune. C'est à Paris que sont le bruit, la fortune, la gloire; partout ailleurs règnent le silence et l'obscurité. Si l'on ne s'élance sur ce théâtre unique, ou si l'on ne s'y rattache, il faut s'éteindre sans profit et sans nom. Aussi, pour y parvenir, faut-il intriguer, on intrigue ; tromper, on trompe ; s'opposer, on s'oppose ; conspirer même, on conspire ; et forcé, pour satisfaire ou son intérêt ou sa vanité, de renoncer aux liens et aux devoirs de la commune, le Français, voyageur dans son propre pays, affranchi des souvenirs de la famille, des entraves de la cité, s'isole ou s'associe contre les vrais intérêts de la patrie. La monarchie est donc intéressée à élever, par le rétablissement de la commune et des assemblées divisionnaires qui en émanent, de nombreux théâtres à l'amour-propre, aux talens, au patriotisme, et à faire de l'estime acquise ainsi parmi les siens, un premier titre aux emplois publics comme à la participation législative aux intérêts généraux de l'Etat. Ainsi disparaît la centralisation, conception utile au despotisme, mais funeste à un gouvernement libéral, parce que l'opposition, dans un temps donné, peut réunir au centre plus de moyens de désordre que le pouvoir n'y peut trouver de moyens de défense. Nous l'avons déjà dit, il y a en France, et surtout parmi la jeunesse, des républicains de bonne foi. Or, je le demande, un roi héréditaire, chef suprême, avec des assemblées générales pour les grands intérêts du pays, des assemblées divisionnaires pour les intérêts des localités, et l'organisation municipale la plus complète, n'est-ce pas la réalisation de leur système en ce qu'il a d'appli-

cable à la France riche, civilisée, grande et popu-
leuse du dix-neuvième siècle? Or, qui réaliserait
jusqu'au possible leur généreuse utopie? qui pourrait achever la révolution en l'épurant? Evidemment
le gouvernement le plus indépendant et le plus libre
dans sa marche, celui qui, à l'abri des méfiances
extérieures et des récriminations du droit, ne crain-
drait pas de rencontrer au fond de la grande urne
électorale la république, parce qu'il l'aurait vaincue
d'avance par les institutions; la monarchie, parce
qu'il l'aurait satisfaite par le principe.

Il y a en France des gens qui rejettent impitoya-
blement dans l'ancien régime tous les partisans de la
légitimité; il semble, à les entendre, que nous soyons
des Cosaques, ou, comme ils le disaient avant de le
devenir eux-mêmes, des voltigeurs de Louis XIV;
comme si aucune des jeunes capacités de l'empire
n'avait grandi sous la restauration, comme si un grand
nombre de talens ne s'étaient pas formés par l'étude
et la pratique pendant ces quinze dernières années.
Bonnes gens qui nous criez qui vive? venez au moins
nous reconnaître. Aimez-vous la gloire; nous étions
avec vous ou sans vous à Berlin, Wagram et Moscou;
avec vous ou sans vous, nous avons arraché l'Espagne
à l'influence anglaise, la Grèce à la barbarie; nous
avons fait entendre à la mer le canon de nos vais-
seaux; nous avons vaincu où succomba Charles-
Quint. La légitimité, vous a-t-on dit, était vassale
de l'étranger, la révolution a brisé le joug; plaisant

affranchissement, qui subit la baisse des protocoles! étrange suzeraineté, qui fait faction au monument de Waterloo! singulier vasselage, qui plantait ses drapeaux vainqueurs dans trois parties du monde, et datait ses bulletins de Cadix, de Rio-Janéiro, d'Athènes, de Navarin et d'Alger! Admirez la calomnie, car elle est, avec la misère et la peur, une des grandeurs de la révolution; mais bornez-vous à l'admirer, et si vous n'êtes sots vous-mêmes, laissez aux sots leur pâture. Aimez-vous la liberté? qui vous apprit à la connaître? la république? alors le crime seul était libre; l'empire? sous son règne, la gloire seule l'était. Une voix amie vous disait à la tribune, il y a moins de trois ans : *Nous jouissons de plus de liberté, d'une liberté plus régulière que nous n'en avons eu depuis quarante ans.* Qui prononça ces paroles? Benjamin Constant; sous quel règne? sous celui qui finit par un triomphe et par une faute. Alors la liberté était pleine de vie et d'avenir; elle se manifestait par le respect des lois et par la dignité du pouvoir. Cherchez, demandez aujourd'hui ces caractères d'un peuple libre, vous ne les trouverez plus. La liberté, comme la gloire française, s'est suicidée avec la légitimité, mais pour revivre avec elle.

DE LA MINORITÉ ET DE LA RÉGENCE.

D'après une ancienne coutume de la monarchie, que Napoléon fit revivre sous nos yeux, la mère du prince héritier est de droit régente du royaume pendant l'absence du roi ou la minorité de son fils. Cependant, le rapport de la commission municipale publié peu de jours après la révolution du 7 août, déclare que Paris s'indignait à la pensée d'une minorité ; aujourd'hui même encore on s'effrayerait, dit-on, à la pensée d'une régence féminine. Si cette indignation, si ces craintes furent réelles, il faut le dire, elles sont sans fondement solide. Quand le roi pouvait dire, comme Louis XIV, l'Etat c'est moi, la force de la monarchie résidant exclusivement dans la personne du monarque, elle subissait nécessairement les variations du trône ; forte sous un roi fort, elle s'affaiblissait sous un roi enfant. Cependant nos pères s'accommodaient de cet inconvénient rare et momentané, parce que, entre deux maux, ils savaient choisir le moindre ; mais aujourd'hui ce choix pénible n'est plus à faire ; il serait absurde d'aller chercher des augures au milieu des dissentions religieuses, des guerres civiles, des prétentions d'un puissant vasselage, ou parmi les débris de la féodalité expirante ; là où la cause du mal n'existe plus, le retour du mal n'est plus à craindre. L'unité et la responsabilité du ministère, produit des majorités législatives, imprime dans tous les cas, à la marche des affaires, un mouvement réglé sur les intérêts généraux. S'ils ont besoin de force, majeur ou mineur, le roi en trouvera pour son gouvernement. Nier cette proposition, ce serait faire le procès au gouvernement représentatif, plutôt encore qu'à la minorité royale. Le même argument s'applique à la question de la régence. Utile surtout à un peuple guerrier, dont le roi était le premier soldat, la loi salique importe moins à nos mœurs actuelles ; elle est inconnue aux Anglais ; et si le règne des femmes est sans danger, leur régence ne l'est pas moins. On peut dire même qu'elles excellent à distinguer le mérite chez les hommes. On a vu de grands rois aimer à s'entourer de passives médiocrités ; les femmes n'ont pas cette faiblesse. Catherine de Médicis elle-même choisit pour son conseiller le vertueux chancelier de L'Hopital ; dans le siècle de la raison et des intérêts, sa régence aurait peut-être préparé un grand règne, car bien choisir, c'est bien régner.

Si l'on avait pu se soustraire, il y a seize mois, à cette légèreté prompte et insouciante qui ouvre l'histoire sans l'approfondir, et qui juge sans comparer, on aurait sagement prémuni l'opinion contre de fausses appréhensions, et prévenu bien des maux. Peut-être à Paris même eût elle été moins défavorable qu'on ne le suppose à la régence d'une princesse, car on avait à lui présenter un nom connu des arts et de l'industrie, et que le malheur s'est plu souvent à prononcer. Ce n'est pas que je me dissimule les obstacles que la légitimité aurait à surmonter; la fortune publique a beaucoup souffert, et la morale plus encore; il y a des ruines à réparer, et de fâcheux exemples à détruire. Il faut rendre au pouvoir sa force gouvernementale, en accordant au pays toutes les libertés réclamées par la justice et la raison; il faut réduire les charges publiques, en même temps que satisfaire aux exigences d'une population, dont une partie ne s'éloigne, par l'éducation, du travail manuel, que pour demander à l'Etat des débouchés et des emplois. Ce double problème est d'une solution difficile; il le faut résoudre cependant, car le salut de la France est à ce prix.

Le mal passé doit profiter à l'avenir. Si la loi d'hérédité eût été respectée, le 7 août dernier, elle eût empêché de grands malheurs; mais, il faut en convenir, un élément de trouble eût survécu à l'insurrection; l'idée d'une révolution anglaise, la haine du prétendu droit divin, eussent continué d'agiter les esprits et de rallier les mécontens. Admettons la supposition d'un retour à la légitimité : plus de chimères, plus de désordres possibles; république, empire, élection royale, tous les systèmes sont connus et jugés; et il est facile de se convaincre, aux efforts tentés pour soutenir l'ombre de monar-

chie qui nous reste, combien, après cette récente
épreuve, la réunion de toutes les volontés monarchiques, divisées aujourd'hui par l'usurpation, don-
nerait de force à la jeune légitimité. Son rappel
aurait au moins pour effets immédiats et incon-
testables, la paix de l'Europe garantie par des alliances sympathiques, l'ordre intérieur assuré par
le travail, conséquence inévitable du rétablissement
de la confiance et du crédit; la vie rendue au commerce par la circulation des capitaux, le retour des
étrangers de tous les pays : et comme une réaction
morale s'opérerait nécessairement dans les esprits,
par suite d'un retour populaire au principe de la
puissance et de l'ordre, de grandes difficultés s'ap-
planiraient. Poursuivons. Le pouvoir doit songer à
l'avenir; car la force qu'il tiendrait d'une nécessité
prouvée et d'une réaction favorable, ne saurait lui
suffire : or, nous l'avons dit, en faisant décider par les
assemblées communales toutes les questions de parti,
en désintéressant la royauté dans toutes les affaires
locales et étrangères au gouvernement; en détruisant
la centralisation administrative, source de dépenses,
foyer d'intrigues, d'ambitions et de pernicieuses influences; en appliquant au développement des ri-
chesses de notre beau royaume d'Alger, et par un
simple déplacement de la fortune publique, une faible
partie des sommes extraordinaires employées par la
révolution à soutenir sa piteuse existence, on assure
au pouvoir de la force, au pays des libertés profitables

et des économies, à l'industrie et au travail d'immenses débouchés. Oui, il faut le reconnaître, le dernier adieu de la monarchie de saint Louis fut une conquête du plus puissant intérêt. Comme ce fleuve majestueux qui fertilise, en se retirant, les rives qu'il inonda de ses eaux, la légitimité nous légua, en s'exilant, une source féconde de prospérités. Qu'en a-t-on fait? qu'en pourrait-on faire? Quand on ne vit que pour vivre, peut-on songer à s'étendre et à s'honorer?

CONCLUSION.

Le pouvoir du 7 août se trouve forcément placé dans une position moyenne, qu'il ne peut quitter sans danger pour lui; s'il descend, il trouve la république; s'il s'élève, il rencontre Henri V. Il ne se maintient entre ces deux opinions qu'à l'aide d'une certaine agitation révolutionnaire et de l'immense force matérielle qu'elle motive; il comprime ainsi, tant bien que mal, la propriété, ennemie de l'usurpation, par de menaçans souvenirs; l'indignation ou le désespoir, par la force. Ces besoins ruineux du pouvoir sont-ils aussi ceux de la France? Comme lui est-elle réellement obligée de se cramponner au mal pour éviter un état pire? N'y a-t-il pas pour elle un mieux possible ? Doit-elle craindre aussi de rencontrer Henri V? J'ai appelé la réflexion sur ces pensées ; j'ai opposé le raisonnement aux déclamations, les faits aux préjugés, la bonne foi au mensonge ; j'ai recherché la vérité sans préventions, je vais finir par une courte série de questions.

N'est-il pas vrai que le meilleur gouvernement possible est celui qui peut procurer au plus haut degré, et à moindres frais, gloire, bonheur et liberté ?

N'est-il pas vrai que la France veut un gouvernement *national?*

N'est-il pas vrai qu'en l'absence d'une législation commune à tous, en l'absence de l'ordre, qui rassure les timides, du droit, qui satisfait les consciences, aucune résolution votée ne peut prendre un caractère inattaquable et vraiment national? Et partant n'est-il pas vrai que le seul pouvoir digne de ce titre est celui qui peut armer sans crainte pour la cause commune, le paysan du Bocage comme celui de l'Isère, et réunir autour de l'urne électorale toutes les consciences et tous les intérêts ?

Si l'expérience, si la raison des Français, éclairée par une loyale argumentation, reconnaissait que la légitimité de Henri V peut seule réunir ces conditions diverses d'un bon gouvernement, que leur resterait-il à faire ?

En 1594, la haine exploitait contre la légitimité d'Henri IV un préjugé puissant, et cependant la force seule ne pouvait lui ouvrir les portes de sa capitale ;

car il était non seulement roi, mais père : Paris, enfin, osa réfléchir et parler; les Seize se turent, les bons citoyens se montrèrent, le malheur public cessa. Henri V, comme son aïeul, ne s'appuie pas sur une armée victorieuse; enfant exilé, il n'a pour lui que la loi et nos intérêts; mais il est roi d'un autre siècle; plus puissante qu'au temps de la ligue, l'opinion, mûrie par l'expérience, ne connaît désormais ni distance ni barrière; aujourd'hui comme autrefois, qu'elle examine, compare, juge et parle haut, car il ne faudrait, pour sauver la France, qu'un jour de courage et de vérité. De nos jours les peuples ne sauraient être long-temps condamnés à suer sang et eau, selon l'expression d'Harrington, pour obtenir un bien qu'une manifestation de leur volonté peut leur rendre; et quel souverain, dans l'Europe civilisée, voudrait se mettre dans le cas de répondre à son peuple, comme cet usurpateur persan (1), au derviche qui osait l'interroger sur sa mission royale : « Dieu ne m'a pas fait roi pour rendre mon peuple « heureux; je suis celui qu'il envoie aux nations sur « lesquelles il veut faire tomber sa vengeance »

(1) Thamas Kouli-Khan.

PARIS.—IMPRIMERIE DE G.-A. DENTU,
rue d'Erfurth, n° 1 *bis*.